MONSIEUR GIROD

ET

MONSIEUR DROZ, EN 1839;

POUR FAIRE SUITE

A MM. GIROD ET MONGIN, EN 1837,

OU A L'AVIS N° 1.

La raison du plus fort
Eut-elle jamais tort?

PREMIER AVIS AU PUBLIC.

Pendant que mon oncle était à Lyon pour suivre son appel devant le métropolitain (qui, ne pouvant le condamner, a refusé de le juger, pour ne pas l'absoudre), on avait répandu à St.-Claude que M. Droz, son ami, l'avait abandonné et allait même écrire contre lui. Ce bruit a couru la ville et le diocèse. Il a étonné beaucoup ceux qui connaissent M. Droz et mon oncle, et qui ne connaissent pas encore assez bien la ruse et les roueries habituelles de certains personnages, *feseurs diocésains.* A la date de la lettre suivante, *signée* par Mgr. Antoine-Jacques de Chamon, M. Pélier était à Lyon ; il ne pouvait démentir ces faux bruits ; et le feseur de la lettre signée par Mgr. en attendait pour résultat la défection de M. Droz comme l'isolement de mon oncle ; deux faits qui eussent flatté son AMOUR-PROPRE, et qu'il croyait aussi facile avec M. Droz qu'avec quelques jeunes prêtres de son temps. Ceux-ci, dans la crainte que l'administration ne les manie comme le tisserand sa navette, sont bien forcés de se taire et d'obéir. Mais M. Droz qui n'est pas l'enfant gâté des *feseurs diocésains,* qui leur est bien supérieur par ses talents et son beau caractère ; et qui, déjà dépouillé de tout par la raison du plus fort, n'a plus rien à craindre ni à perdre, a fait une réponse digne de lui et de son ami. C'eut été trahir l'un et l'autre que d'en priver le public, et de ne pas la donner, avec quelques notes, comme suite à la lettre que j'ai adressée dernièrement à M. l'abbé de Ferroul.

On sait que celui-ci a fait transcrire par les clercs gagés de la cathédrale, un écrit que je n'ai pu me procurer, quoiqu'on le dise répandu dans le diocèse; s'il voulait bien me l'adresser ou s'adresser au vrai public, comme je l'ai fait, je me ferais un devoir de lui répondre; l'homme de bien ne craint pas la lumière, pas plus que la vérité ne craint la publicité. C'est le mensonge et la calomnie qui rampent dans l'ombre, et qui n'osent paraître au grand jour.

F. CLERC.

Orgelet, juillet 1839.

DEUXIÉME AVIS.

A CEUX SEULEMENT QUI AIMENT LA VÉRITÉ ET LA JUSTICE.

Il n'est rien, Sire, de plus contraire à la nature et à la fin du pouvoir ecclésiastique, que l'esprit de domination. L'autorité des successeurs des apôtres est un ministère, et non pas un empire (1) ; un ministère de règle, de raison, de douceur et de charité ; un ministère d'instruction et de confiance, établi pour soumettre les hommes par amour à la justice et à la vérité. Mais qu'ils sont éloignés, ces ecclésiastiques entreprenants, de l'esprit de leur état ! J.-C., en instituant ce sacré ministère, n'a pas même voulu qu'il eût les attributs de la puissance séculière, la plus exactement réglée sur la justice et sur les lois (2). Régner avec éclat et soutenir les lois par la force et la terreur, c'est le propre de la souveraineté temporelle. Il n'en doit pas être ainsi des ministres de l'Evangile (3); disciples de celui qui a dit de lui-même qu'il était venu pour servir (4) ; établis, non pour commander, mais pour être utiles à l'église, pour être la lumière et le

(1) St. Bernard, de officio episc.; tom. 1, pag. 462.
(2) Marco, de concordia sacerdotum et imperii, lib. 2, cap. 16, nᵒ 6.
(3) Matth. 20, v. 23, 26.
(4) Luc, ch. 22, v. 25.

(3)

conseil de ses enfants, pour leur dispenser les biens spiri-
rituels dont ils sont les dépositaires (1); ce n'est point en
dominant sur les fidèles qu'ils doivent les conduire (2).
« La sévérité même dont ils sont obligés d'user quelque-
« fois, doit toujours être l'effet *d'une autorité paternelle,*
« *et non d'une puissance tyrannique* (3). »

En vous présentant, Sire, les devoirs qu'impose aux
ecclésiastiques le divin fondateur de leur ministère, c'est
l'intérêt même de l'état que nous exposons à vos yeux.
Emanée de cette même source de toute autorité de laquelle dérivent également les empires de la terre, la puissance spirituelle, loin d'ébranler les trônes et de troubler
les états, doit en être le plus ferme appui. Mais si QUEL-
QUES-UNS DES PREMIERS MINISTRES DE LA RELIGION, SE RENDANT
EUX-MÊMES INDÉPENDANTS, RÉUSSISSENT A S'ASSURER, DANS LA
PERSONNE DE LEURS INFÉRIEURS, DES MINISTRES AVEUGLES DE
TOUS LEURS ORDRES ARBITRAIRES, *bientôt souverains dans
leurs diocèses et dominant sur les peuples, que ne pour-
ront-ils pas entreprendre sous le voile de la religion!*

Telle est, Sire, la seconde source des maux que nous
déplorons. Ceux des évêques qui méconnaissent la soumission qu'ils vous doivent, *exercent sur vos sujets et
sur les ministres inférieurs une domination arbitraire,
par des ordres aussi irréguliers en la forme qu'au fond;
ordres qu'on affecte de ne revêtir d'aucun caractère d'une
autorité régulière, dans l'espérance de les soustraire à
l'inspection de la justice et à l'autorité des lois; ordres qui
vexent les citoyens et mettent le trouble dans l'Etat.*

*De là ces interdits sans causes, dont on punit tant de
ministres, à qui leur zèle, leur expérience, leurs qualités personnelles, avaient mérité depuis long-temps la confiance des peuples; de-là des vexations de tout genre contre
les ecclésiastiques, et des curés même chassés de leurs
paroisses par des actes d'autorité, sans plaintes et sans
procédures......*

(1) St. Bernard, liv. 3, de consider. c. 1, tom. 1, p. 426.
(2) 1er Ep. s. Petr., vol. 4.
(3) St. Bernard, serm. 23, in cantie., t. 1, p. 1339.

Que de ressorts n'emploient pas des supérieurs pour obliger des ministres qui dépendent d'eux, à s'abandonner aveuglément à des principes de conduite si opposés à l'esprit de la religion ! Souvent l'ignorance et la prévention dans lesquelles sont élevés les ecclésiastiques, ne rendent que trop faciles le succès de ces impressions. *Mais la crainte, l'ambition ou l'intérêt achèvent de tout soumettre. S'il en est d'assez courageux pour résister à ces suggestions odieuses, et pour demeurer fidèles à leurs devoirs, la perte de leurs emplois et de leur subsistance en est bientôt la punition, et devient un exemple de terreur pour les autres.* Ainsi s'établit, Sire, cette domination sous laquelle gémissent les citoyens, et qui, affermie par la *soumission aveugle, servile ou intéressée* des ministres inférieurs, est capable de produire les plus funestes révolutions.

(*Remontrances du Parlement de Paris, le 9 avril* 1753.)

Les deux lettres suivantes m'ont été montrées en original et en copie par M. Droz, qui m'a permis de les transcrire chez lui, le 12 juin 1839.

L'abb. Pélier-de-Lacroix, chanoine.

ÉVÊCHÉ DE SAINT-CLAUDE.

Dole, le 16 mai 1839.

A M. Droz, ancien curé de Moissey, retiré à Dole (1).

MONSIEUR,

Depuis long-temps vous m'êtes signalé comme un des ardents fauteurs de M. Pélier, comme le dépositaire et le propagateur de ses pamphlets, et comme applaudissant à tous les scandales qu'il donne dans mon diocèse (2).

(1) Cette lettre est écrite en entier de la main du *vénérable grand vicaire*, M. Girod; le même déjà qui, le 16 novembre 1837, écrivait à M. Mongin, l'ami intime de M. Pélier, les choses les plus infâmes contre lui; et qui, le lendemain, 17 novembre, priait le même M. Mongin de faire *mille et un compliments* à M. Pélier. La charité et la véracité de ce *vénérable* vont couler de sa plume, et Monseigneur signera : lecteurs, soyez attentifs.

(2) M. Pélier a signé ce qu'il a écrit; il n'a fait que se défendre. Et M. Girod qui l'a provoqué, qui l'a calomnié, qui le poursuit partout avec ses armes propres, le mensonge et les manœuvres secrètes, est exempt de scandale ! C'est ainsi qu'il l'a jugé; il le dit : lecteurs, inclinez-vous.

Ce n'est qu'avec la plus grande répugnance que j'ajoute foi à ces rapports, parce que j'ai de la peine à croire qu'un prêtre qui monte encore à l'autel, puisse tenir une conduite aussi peu sacerdotale (1) et même aussi révoltante; mais les divers renseignements qui m'ont été fournis à ce sujet, ne me donnent, malheureusement, que trop lieu de craindre qu'ils sont fondés sur la vérité, e^t que vous n'êtes point calomnié. Je me vois donc obligé de vous écrire cette lettre pour vous faire part de ma douleur profonde, et vous exprimer tout mon mécontentement. Si vous êtes coupable, je dois exiger un désaveu de vos fautes, et une promesse de ne plus vous lier à l'avenir avec un ingrat et un scandaleux (2), pour répandre partout le mensonge et la calomnie, détruire la religion dans l'esprit des simples fidèles, et empoisonner le peu de jours qui me restent encore à vivre ici-bas.

J'attends de vous une prompte réponse que vous voudrez bien m'adresser chez M. le curé de Dôle. Si vous me la refusez, je regarderai votre silence comme une preuve

(1) Calomnier un prêtre, le diffamer publiquement, par la censure la plus inique et la plus révoltante, le dénoncer pour qu'il soit traîné en cour d'assises; l'accuser d'être *possédé du démon*, d'être un *émissaire de Châtel*, d'être *affilié aux sociétés secrètes qui travaillent à détruire la religion*, d'être animé d'une *rage satanique*, etc., etc.; tout cela est une *conduite sacerdotale* avec laquelle on *monte à l'autel* sans crainte de *révolter* personne! N'a-t-on pas le pouvoir de s'accorder *dispense* de toutes règles, de toute mesure, de toute justice? M. Girod est un saint prêtre, c'est lui qui l'assure; lui qui a signé, *le 19 janvier*, qu'il est un *vénérable grand-vicaire*!!!

(2) *Ne plus vous lier*! Quelle charité quand on se mêle de la prêcher aux autres! Quelle adresse de police, et quelle prétention absurde! Martin V, dans sa bulle, *Ad evitanda scandala*, ne fait pas une pareille défense, même pour la fréquentation des excommuniés. Mais ce pape n'est qu'un sot auprès de M. Girod. — *Avec un ingrat*! La tête vous tourne, Monsieur: vous oubliez les ménagements dont on a usé et dont on use encore à votre égard. Il y a ingratitude bien criminelle partout où il y a injustice et fourberie. M. Pélier n'a été que trop franc et trop généreux; le 8 novembre, se fiant à la parole de son évêque, il a signé une déclaration perfide, quand c'était à M. Girod de signer et de publier le désaveu de ses lettres calomnieuses. Pour avoir été trompé et dupé pendant quatre ans, il est un *ingrat*! et pour s'être défendu quelque peu, il est un *scandaleux*! Que vous êtes *édifiants*, Messieurs, grâce à vos priviléges. Vous parlez de *mensonges et de calomnies* comme étant les faits d'autrui, tandis qu'ils coulent de chez vous à plein bord.

de la réalité des griefs qui pèsent sur vous, et j'agirai en conséquence quoiqu'à mon très-grand regret.

Si vous me forcez à prendre contre vous des mesures de rigueur, je m'attends à de nouvelles tribulations, à de nouveaux outrages; mais rien ne m'empêchera de remplir le devoir sacré qui m'est imposé, comme évêque, d'employer tous les moyens qui sont en mon pouvoir pour arrêter les scandales des mauvais prêtres (1), et mettre un terme à leurs sacrilèges (2).

Veuillez, Monsieur, agréer l'asssurance de mon dévouement.

Signé : † ANTOINE—JACQUES,
Évêque de Saint-Claude.

Pour copie conforme,

L'opprimé curé de Moissey.

Réponse à la lettre précédente.

MONSEIGNEUR,

J'étais absent lorsque votre lettre du 16 de ce mois m'est parvenue. Je me suis empressé de rentrer; et, pour

(1) Commencez prr ceux qui sont vos familiers et vos *feseurs*; la voix publique vous les désigne assez.

(2) Ces mots-ci sont de l'aveuglement, quand on se fait un jeu de fouler aux pieds les décrets des conciles généraux. V. p. 73 et 74 du *Mémoire* d'appel au métropolitain. *L'ordinaire et ses délégués sont suspens pour un an*, s'ils prononcent une peine contre leur *conscience et la justice* : et de plus, ils tombent dans l'irrégularité (dont le Saint-Siége peut seul les absoudre), s'ils continuent leurs fonctions dans cet état de suspense. Le lecteur doit comprendre où sont les sacrilèges....... *Caveant autem prælati et judices universi, ne prædictam suspensionis pœnam incurrant....* A Saint-Claude, on est au-dessus de tout cela ! Quelques bons hommes, habitués à dire *amen*, s'écrient victorieusement : Mais M. Pélier est un inférieur, qui lutte contre son supérieur : la prévention est contre lui.— Ces derniers mots sont généralement vrais : oui, bons hommes, la prévention est pour le supérieur, surtout s'il est saint, s'il est éclairé, s'il est juste, et jamais passionné, ni furibond. Mais si, dans cette lutte, l'inférieur montre qu'il est calomnié, qu'il est puni injustement; qu'il a pour lui, contre le supérieur, la vérité, les canons, les lois, la justice, sera-t-il réellement l'*inférieur*? Non, Messieurs, instruisez-vous : le supérieur *vrai* est celui qui est avec la justice et la vérité, parce qu'il est avec Dieu, qui hait la fraude, le mensonge, l'ignorance, la colère, la *rage satanique. Omnes episcopi non sunt episcopi*, dit saint Jérome. Il est vrai que ce saint n'était pas de la coterie des bons hommes, mais il était de la religion de celui qui a dit : je suis la voie, la VÉRITÉ et la vie. Cela vaut bien la *supériorité*, obtenue on ne sait comment. *Non facit ecclesiastica dignitas christianum.* (Voir Mémoire d'appel, p. 73.

me conformer ponctuellement aux ordres de votre grandeur, j'ai l'honneur de lui adresser ma présente réponse chez M. le curé de Dole.

Il est bien vrai, Monseigneur, et je ne vous le dissimulerai point, il est très-vrai que, depuis trente et quelques années, je suis l'ami, et l'ami sincère de M. l'abbé Pélier-de-Lacroix, l'un des chanoines de votre église cathédrale ! Et pourquoi rougirais-je de vous en faire l'aveu? Je m'en regarde, au contraire, comme fort honoré, d'autant mieux que je puis me rendre le témoignage flatteur que mon amitié est née de l'estime particulière que m'ont constamment inspirée pour lui et la noble franchise, et les vertus sacerdotales qui le caractérisent. Pour ne point d'ailleurs parler ici de son zèle éclairé par les lumières de la science ecclésiastique et des excellentes qualités de l'esprit et du cœur, qui lui ont incessamment et partout concilié l'estime générale, ne lui avez-vous pas, Monseigneur, donné vous-même des marques non équivoques de votre haute estime? Votre grandeur n'a donc pas le droit de s'offenser de l'amitié que j'ai vouée à un ecclésiastique aussi distingué, et moins encore de m'en faire un crime.

Quant à l'article des pamphlets, dont vous pouvez avoir justement à vous plaindre, je connais assez mon ami pour être persuadé et convaincu qu'il est incapable de souiller sa plume par de si indignes écrits. Or, s'il est vrai qu'il ne soit l'auteur d'aucun libelle injurieux contre votre grandeur, comment a-t-on pu me signaler à vos yeux, comme le dépositaire et le propagateur de ses pamphlets? Non, Monseigneur, je ne suis ni le dépositaire, ni le propagateur des pamphlets de M. l'abbé Pélier, à moins qu'on ne s'avise de vouloir ranger dans cette catégorie le judicieux Mémoire que mon ami a fait imprimer à l'appui de son acte d'appel; encore n'en suis-je point le propagateur, puisque j'ai refusé d'en délivrer des exemplaires à plusieurs de mes confrères, peut-être même à de tels qui auroient pris de là occasion de m'accuser. Ce qu'il y a de vrai, c'est que le dépôt de ces mémoires n'est point entre mes mains, bien que j'en possède plusieurs exemplaires.

Du reste, Monseigneur, il ne m'appartient point de prononcer sur la cause qui est aujourd'hui pendante entre vous et mon ami. *Nolite judicare et non judicabimini.* Voilá, Monseigneur, quelle est ma manière de penser : l'amour de la justice et la charité m'en font un devoir, que l'amitié rend encore plus sacré. Telle est aussi la maxime du grand saint Augustin : *unusquisque credatur bonus, donec probetur malus.* (1)

Ainsi donc, tandis qu'il ne me sera pas évidemment démontré que mon ami a mérité les graves censures dont vous l'avez frappé, et qu'il les a méritées par un crime notoire et infâmant, qui aura causé un scandale public, je le crois et je dois le croire innocent. S'il en était autrement, sans doute je serais autorisé à dire avec Périclès: *amicus usque ad aras,* ou bien comme le philosophe Aristotes : *amicus Socrates, amicus Plato ; sed magis amica veritas.* Mais, j'en ai la ferme confiance, il n'en sera pas ainsi ; et les doux liens de l'amitié qui nous unit, retrempés dans les eaux d'une même tribulation, n'en seront que plus étroitement resserrés ; de manière qu'il nous sera permis de goûter ensemble les consolations, et de jouir des avantages inappréciables que procure l'amitié, ce sentiment si généreux, cette vertu si noble qui est en quelque sorte la perfection de la charité, et dont l'esprit Saint a tracé lui-même le plus sublime éloge, lorsqu'il a dit: *amico fideli nulla est comparatio, et non est digna pon-*

______

(1) *On doit croire chacun honnête homme, tant que le contraire n'est pas prouvé.* Cette maxime est du temps passé : saint Augustin se traînait sur l'évangile. A présent, on plane au-dessus, on coupe, on taille, on tranche, suivant le besoin qu'on a de couper, tailler, trancher. La liberté, proclamée naguères tant de fois, cette liberté sans règle et sans frein, sans contrôle et sans juge, a été acquise à certains évêques. Cela paraît du moins par MMgrs. de Saint-Claude et d'Amasie ; l'un prononce sans droit et contrairement aux lois ecclésiastiques et civiles, (il lui plaît ainsi) ; l'autre, tenant la place de juge d'appel, refuse de juger, (encore parce qu'il lui plaît ainsi !) Cela est commode, — pendant qu'on ne craint pas d'être redressé par un Cambyse. Mais si l'on croit à celui qui *jugera les justices,* est-on bien conséquent?

deratio auri et argenti contra bonitatem fidei illius. Eccl. 6.

Voyez maintenant, Mgr., s'il vous plait ; voyez un peu, si je puis vous promettre, et s'il me serait possible, de rompre les liens de la sainte amitié, sans en trahir les droits, sans en violer les devoirs et sans désobéir par là-même à l'Esprit-Saint, qui me dit : *Ne derelinquas amicum antiquum* (1).

Considérez, d'un autre côté, qu'exiger de moi une semblable promesse, c'est nécessairement vous mettre en opposition avec ces divins oracles, écrits au livre des proverbes : *Sex sunt quæ odit Dominus...,* et *septimum* detestatur anima ejus (nempe), *eum qui seminat inter fratres discordias* (2).

____

(1) *N'abandonnez pas un ancien ami.* La défense faite à M. Droz de voir M. Pélier, de rester *lié avec lui,* parce que celui-ci est persécuté par son évêque, ou plutôt *par ceux qui disposent de lui,* n'est pas seulement en opposition avec l'Esprit-Saint qui devrait présider dans le conseil épiscopal ; elle est aussi impolitique qu'elle est absurde et tyrannique. Il n'y a que des lâches qui puissent s'y soumettre, comme il n'y a qu'un despote qui puisse l'avoir faite. C'est sanctionner comme une règle chrétienne, la maxime blamée, et flétrie même, par un païen :

> *Donec eris felix , multos numerabis amicos ;*
> *Tempora si fuerint nubila , solus eris.*

Tant que vous serez heureux, vous aurez beaucoup d'amis :
Mais si quelque orage vous menace, votre maison sera déserte.

M. Droz a suivi la maxime éternelle : La fortune donne des amis, l'adversité les éprouve. L'une les invite à la fidélité, l'autre *leur en fait une loi..... Amicus certus in re incertá cernitur.*

(2). Celui qui s'efforçait de noircir M. Pélier dans l'esprit de M. Mongin, son ami, par des imputations calomnieuses ; qui poussa l'audace de la calomnie jusqu'à écrire à ce dernier, que M. Pélier l'avait trahi, avait livré son secret au Prélat, qui allait l'en punir s'il n'en fesait lui-même l'aveu : celui qui, alors déjà, manœuvrait avec une sourde bassesse pour séparer MM. Mongin et Pélier, et qui vient, le 16 mai, d'employer encore la même tactique pour intimider M. Droz et le séparer de son vieil ami ; celui qui, le 7 novembre, s'opposait à la paix, qui la fit rompre ensuite par l'impression clandestine d'une pièce destinée rigoureusement à rester secrète, et par celle d'une autre aussi calomnieuse que niaise ; celui qui, par les moyens les plus vils, les plus criminels, le mensonge et la menace, s'efforce de *semer la discorde* entre les deux amis, et de la perpétuer *dans le clergé,* en abusant le prélat : celui-là n'est-il pas chef ou *antistes* dans cette *septième classe d'hommes que le Seigneur déteste de toute son âme ?* Et c'est lui qui s'en vient parler de *sacrilèges,* à un ancien confesseur de la foi ; à un prêtre vénérable, connu par sa science, son zèle, sa charité, son désintéressement, sa piété, et toutes les vertus sacerdotales ! ! ! ! !

Victime de vos erreurs et de l'injustice qui s'en est sui-
vie, par l'effet de faux rapports qui ont si souvent trompé
votre religion à mon sujet, n'oserai-je, avec le profond
respect qui est dû à l'éminente autorité dont vous êtes
revêtu, vous représenter humblement qu'il serait pru-
dent et sage de vous défier enfin de la ruse des méchants,
et de l'artifice de ces lâches adulateurs qui s'enveloppent
dans l'ombre pour surprendre plus facilement votre confiance ?

Souffrez, Mgr., que je vous le rappelle : il fut un
temps où un paysan hypocrite faisait briser la cloche de
mon église pour m'en accuser; et vous le croyiez non
seulement incapable d'un pareil délit, mais vous vous
joigniez encore à lui pour en déverser sur moi l'odieux,
autant qu'il était en vous. Alors aussi ce même paysan
avait colporté un pamphlet ayant pour titre: *Les Prêtres
à la voirie par Monseigneur de Chamon* (en 1827); puis
il avait eu la noire malice et la rare impudence de vous
écrire qu'il tenait du curé de Moissey cet indigne écrit,
et il avait été cru sur parole ! Que d'autres pièges grossiers
pour vous amener à lancer contre moi les foudres de
l'Église ! ! Eh bien ! aujourd'hui encore (je le sais et j'en
ai la preuve), c'est un pauvre juge de paix de juillet,
c'est ce même homme que vous qualifiiez de représentant
du roi et à qui vous vous complaisiez de dire que vous
lui deviez les honneurs et que vous lui rendiez les hom-
mages qui sont dus au roi ; c'est celui-là même qui est
maintenant le dépositaire et le propagateur de plusieurs
pamphlets infâmes contre votre grandeur ; et c'est encore
à moi que vous vous en prenez ! Vous allez même jusqu'à me menacer de prendre contre moi des *mesures de
rigueur.* (1) *Tantæne animis cœlestibus iræ !* Quoi !

(1) Les *mesures de rigueur* sont fort commodes : avec elles,
quand, surtout comme à Saint-Claude, on en use fréquemment et sans
façon, on est dispensé d'étudier, de connaître les questions qui se
présentent. On juge et on prononce *ex abrupto, ab irato,* et la victime frappée doit se taire ; si elle réclame, on la taxe de rebelle ; on
lâche contre elle le ban et l'arrière-ban des candidats pour la Rotonde :
déjà les émérites ont fait leurs preuves : ils manœuvrent librement et
d'eux-mêmes. Il faut que la victime se taise, qu'elle reste immolée ; et

après dix ans de persécution ; après m'avoir fait itérati-
vement priver de mon traitement curial ; après avoir
cassé arbitrairement le conseil de la fabrique (de Moissey)
pour me forcer de fournir à la dépense de l'éclairage,
pendant bien des années, et décider ensuite que je ne
serais point remboursé de mes avances : créé ou suscité
des embarras et des difficultés pour m'empêcher d'obtenir
la modique somme de cent francs qui m'était annuelle-
ment allouée pour la desserte d'un annexe ; enfin, fait
provoquer une fausse plainte contre moi ; en un mot
après vous être porté à tant et tant d'abus de pouvoir,
sur de faux rapports et des rapports obligés, et contrairement au précepte du grand apôtre : *adversus presbi-
terum accusationem noli recipere nisi sub duobus aut
tribus testibus* ; sans preuves et sans témoins, au mépris
de toutes les règles canoniques et des droits sacrés de la
légitime défense, vous ne vous êtes point fait de scrupules
de formuler *secrètement* une ordonnance de destitution
contre moi et de la motiver sur de purs mensonges (1)
et de noires calomnies ; et pour détruire plus sûrement
mon existence, vous avez eu grand soin de la faire ap-
prouver par une ordonnance ministérielle, avant que de
me la faire signifier par des gardes-chámpêtres (2). En

qu'en expirant elle bénisse ou remercie la main d'où sont parties les
saintes rigueurs : elle doit imiter ces victimes du Collisée, qui di-
saient en passant devant Néron : *Morituri te salutant......* Si cette
victime se rappelle et veut citer le commandement de l'Église, *quand
(suspens ou) excommunié tu seras, fais-toi absoudre promp-
tement* ; on lui répondra, qu'à Saint-Claude il en est autrement
aujourd'hui : quand suspens on t'aura fait sans rime ni raison, dis
que c'est pour un méfait, et l'on te dira bon. Mais de bouger garde-toi,
attends et baisse-toi : ici c'est la loi....

(1) Quand on a lu cette ordonnance de destitution, et qu'on la com-
pare, soit avec la lettre que Mgr. de Chamon avait écrite le 8 avril à
M. Pélier pour relever M. Droz de toutes censures, soit avec le certificat envoyé par le même Prélat à M. Droz, le 19 du même mois, on
est saisi d'un sentiment qui ne peut s'exprimer : le mensonge calom-
nieux EN ÉCRITURE AUTHENTIQUE....... O tempora ! O mores ! O
Episcopi ! O Sacerdotes ! (Voir les canons et les décrets de Lyon, de
Latran, etc., et le *Mémoire d'Appel à Lyon*, p. 73 et 74. Voir ci-
après les *Pièces justificatives*.)

(2) C'était *l'usage* de l'évêché de St.-Claude avec M. Droz, quand il
habitait Moissey.

est-ce assez ? Non, il fallait encore amener Mgr. le métropolitain à se charger complaisamment de la criminalité et de la responsabilité d'un déni de justice, et vous en êtes venu à bout. Que pouvez-vous donc entreprendre de plus contre moi ? N'avez-vous pas épuisé tous les abus ? et dans la position où vous m'avez réduit, après 40 ans d'exercice du saint ministère, ne suis-je pas en droit de vous dire :

Je crains Dieu, Monseigneur, et n'ai plus d'autres craintes (1).

Ainsi, quelqu'injustes que soient désormais vos rigueurs à mon égard, je n'en demeurerai pas moins dans la disposition de n'épouser jamais *les mauvaises passions*. Et malgré la conviction intime où je suis que la plus grande plaie qui puisse être faite à la religion, ce sont les abus du pouvoir, qui tendent à éteindre la lumière de la vérité, en foulant au pied toute justice, je n'en suis pas moins avec tout le respect qui est dû à votre grandeur et à votre dignité,

Monseigneur ,

Votre très-humble, très-obéissant et très-obligé serviteur.

L'opprimé curé de Moissey ,
Droz.

Pour copie conforme :
A.-D. Droz, curé opprimé.

Dole, le 20 mai 1839.

---

(1) Enlever le bien d'autrui injustement, c'est un péché qui ne peut être remis qu'autant qu'il est suivi de la restitution de ce même bien, *in re vel in voto*, disent les théologiens, après saint Augustin et le bons sens : *Non remittitur peccatum, nisi restituatur ablatum.* Ceux qui ont enlevé et fait enlever à M. Droz, si injustement, sa place, son titre acquis par de longs travaux, ses moyens d'existence, et qui l'ont privé même de la *pension ecclésiastique donnée aux anciens prêtres*, etc.; sont-ils exceptés de l'axiome de saint Augustin ? Non, sans doute. Mais il faut croire qu'ils ont des directeurs de conscience plus commodes, sinon plus éclairés, que le grand évêque d'Hyppone.... Et ceux-là, directeurs et autres, parlent de *prêtres sacrilèges !!! Pone Domine custodiam..... Excæcavit illos malitia eorum.*

PIÈCES JUSTIFICATIVES.

Nota. M. Pélier avait pris la défense de M. Droz, déjà persécuté en 1828 ; il eut le bonheur, par ses lettres, d'obtenir la levée des censures portées contre son ami, ainsi que le prouve la lettre suivante, déposée à Dole chez M. le notaire Adeleine. Nous devons faire observer qu'à cette époque *l'entourage* de Mgr. de Chamon n'était pas ce qu'il est aujourd'hui.

Saint-Claude, le 8 avril 1828.

ÉVÊCHÉ DE SAINT-CLAUDE.

Monsieur l'abbé,

Après une lecture rapide de la lettre que vous m'avez fait l'amitié de m'écrire relativement à M. Droz, curé de Moissey, je vous ai répondu en toute hâte pour ne point manquer le courrier parti ce matin à onze heures. Vous remarquerez dans ma réponse, mon cher abbé, mes intentions pacifiques et mes dispositions toutes paternelles envers l'ami auquel vous vous intéressez avec un zèle admirable et si digne d'éloge. Je vous y annonce qu'aussitôt le retour de M. Droz dans mon diocèse, je lèverai avec empressement d'une part et avec satisfaction de l'autre, les censures qu'il m'a tant coûté de prononcer contre lui ; mais je réfléchis dans ce moment, qu'il sera charmé, sans contredit, de célébrer les saints mystères à Paris, même que ce sera pour lui une grande consolation ; « et je « m'empresse de vous faire cette seconde lettre, mon « bien cher abbé, pour vous prier d'informer de ma « part, sans aucun retard, M. le curé de Moissey, que je « lève, par les présentes, la suspense et l'interdit portés « contre lui, et que je l'absous de ces censures, *quoad* « *forum externum* ; que je donne au confesseur dont il « fera choix, tous mes pouvoirs, non-seulement pour « l'absoudre, *quoad forum internum*, des susdites cen- « sures, mais encore pour le dispenser de l'irrégularité « qu'il pourrait avoir encourue par la violation des « mêmes censures. »

Je le conjure en père tendre de venir ensuite me trouver à Saint-Claude ; qu'alors nous terminerons ensemble à l'amiable, toute son affaire dans ses intérêts les plus chers, comme dans ceux de la religion. Alors, aussi je dresserai mon ordonnance pour révoquer celle du 19 octobre dernier.

P. S. Le ministre des affaires ecclésiastiques m'a déjà informé qu'il était prêt à révoquer la décision qui prive M. Droz d'une partie de son traitement, et qu'il n'attend, pour prendre cette résolution, que ma réponse que j'ai faite poste pour poste. Je n'ai que faire de vous dire ici, mon bien cher abbé, que cette réponse est favorable au curé de Moissey. J'annonce au ministre que je remets absolument et entièrement cette décision à sa sagesse, et que je le prie de faire venir M. Droz dans son cabinet pour le lui faire connaître, ainsi que mes autres dispositions à son égard.

J'ai constamment agi depuis quatre ans envers le curé de Moissey avec la même bonté, la même douceur. S'il n'avait écouté que son cœur, il est certain qu'il serait encore aujourd'hui dans sa paroisse, et qu'il n'aurait jamais été dans le cas de s'en éloigner même momentanément; mais il a malheureusement une tête chaude dont il n'a suivi que les violentes impulsions, sans entendre les conseils sages de son évêque, et des personnes qui ne lui portaient pas moins d'intérêt que moi-même. S'il ne les avait point repoussés lors de ma dernière visite pastorale dans sa paroisse, il est incontestable aussi qu'une entière et sincère réconciliation aurait eu lieu entre lui et ceux des paroissiens avec lesquels il était mal. J'avais disposé tous les esprits pour cet utile et salutaire effet, et c'était là le premier et principal but de ma visite. Mais que M. Droz vienne passer vingt-quatre heures chez moi et je le ferai reconduire dans sa paroisse, s'il persiste à y retourner, et s'il ne veut point accepter la belle cure du canton de seconde classe, dans ce moment à ma disposition, par mon vicaire-général qui, je l'espère, opérera avec la grâce de Dieu cette réconciliation si ardemment désirée.

Veuillez agréer, Monsieur et cher abbé, la nouvelle expression de ma reconnaissance de tous les soins que vous voulez bien prendre, et l'assurance de mes sentiments de confiance et d'affection.

Signé, † ANTOINE-JACQUES,
Évêque de Saint-Claude.

Nota. Au dos de la lettre dont la copie précède, on lit ce qui suit:
P. 38. *P. St-Claude.* A Monsieur, Monsieur l'abbé Pélier, chanoine de Chartres, aumônier de S. A. R. Mgr. le duc de Bourbon, au Palais-Bourbon, à Paris.

Certifié conforme,
Signé, F. Clerc.

Nota. Par suite de la lettre qu'on vient de lire, Mgr de Chamon adressa, quelques jours plus tard, le certificat suivant à M. Droz. Ce certificat a été imprimé en 1832, (trop tard, hélas!. pour qu'il fût utile à M. le curé de Moissey.)

ÉVÊCHÉ DE SAINT-CLAUDE.

Nous, Antoine-Jacques de Chamon, par la grâce de Dieu, et l'autorité du Saint-Siége apostolique, évêque de Saint-Claude:

Certifions que M. Antoine-Désiré Droz, curé de Moissey, arrondissement de Dole, département du Jura, est un prêtre non moins recommandable par ses vertus que par l'excellence de ses doctrines religieuses et politiques; et qu'il n'est lié par aucune censure, ni frappé d'aucune peine canonique.

Nous le recommandons en outre à la bienveillante protection de Mgr. l'archevêque de Paris, et à celle de Mgrs. les archevêques et et évêques des diocèses par lesquels il serait dans le cas de passer pour revenir de Paris où il se trouve aujourd'hui, dans celui de St.-Claude; et nous prions ces prélats de lui accorder la permission de célébrer les saints-mystères, et dans les églises de Paris et dans celles de leur diocèse respectif.

Donné à Saint-Claude, le 19 avril 1828.

Signé, † Antoine-Jacques,
Evêque de Saint-Claude.

(Place du sceau.)

Pour copie conforme: A.-D. Droz, *curé.*

Tel est le témoignage que Mgr. de Saint-Claude se crut obligé de rendre à M. le curé de Moissey, *après avoir lancé contre lui une excommunication majeure!!!* (1)

Or, (écoutez) dans l'ordonnance épiscopale qui, (portée *in plano!* en 1832), destitue M. Antoine-Désiré Droz, de la cure *cantonale* de Moissey, qu'il occupait

(1) Caveant autem prælati et judices universi... (*Qui legit, intelligat.*)

depuis environ treize ans, on affirme et on répète, (pages 2 et 5) que M. Droz n'avait pas été relevé des censures portées contre lui , et qu'il a repris l'exercice du saint ministère *étant encore lié des dites censures quòad forum externum....*

Cette pécadille, dira-t-on, n'est que l'effet d'un défaut de mémoire ou qu'un malentendu de la part du rédacteur de la fatale ordonnance. Car son rédacteur , ou du moins celui qui l'a contresignée , est M. Girod, actuellement grand-vicaire, lequel ne saurait être soupçonné de noirceur, de perfidie : il est trop connu pour qu'on ose supposer qu'il a fait sciemment et volontairement un faux en écriture officielle et administrative. Toutefois, le vénérable et infortuné curé de Moissey, accusé de violation de censures , a été regardé comme coupable de ce fait à Paris, et l'on sait ce qui lui est advenu.

Pendant les orages de la grande révolution, M. Droz a été sept ans secrétaire d'un évêque en Hongrie ; rentré en France, il a rempli successivement avec un grand zèle et des talents distingués les places d'aumônier de l'hôpital de Besançon, de professeur de belles-lettres au collége de Dole et de pasteur charitable et éclairé dans la paroisse de Moissey. Présentement qu'il touche à sa 70ᵉ année, il est sans place, sans fortune et *sans pension aucune.* Et ceux qui l'ont réduit à cet état, si déshonorant pour eux, poussent encore leur haine jusqu'à vouloir que, par déférence et par charité pour leurs *vénérables* personnes, il épouse leurs passions contre son ancien ami ; qu'il le trahisse qu'il l'abandonne, et qu'il écrive contre lui !!!

> Tant de fiel entre-t-il dans l'ame des *dévots!*
> Qu'ai-je dit?
> Le mot ne convient pas pour désigner *ces sots.*
>
> . . . .
> Et celui-ci non plus : c'est passer la sottise,
> C'est mériter brevet, non de simple bêtise,
> Mais de stupide ânon, qui ne démord jamais.
> Toujours le sot méchant croit les autres mauvais.
> C'est d'après lui qu'il juge : il a l'oreille au *ventre;*
> Et le cœur sous les pieds; sa personne est à *vendre :*
> Il veut que ses voisins soient tout aussi parfaits.

F. CLERC.

Lons-le-Saunier, Imprimerie d'Athalin COURBET.